Lb 1767.

ASSOCIATION PARISIENNE

POUR LA DÉFENSE DE LA LIBERTÉ DE LA PRESSE.

DISCOURS

DU CITOYEN G. DESJARDINS,

SUR

L'ASSOCIATION RÉPUBLICAINE,

PRONONCÉ A L'AUDIENCE DE LA COUR D'ASSISES DU 8 AVRIL,

DANS L'AFFAIRE DE

LA SOCIÉTÉ DES AMIS DU PEUPLE.

PARIS.

IMPRIMERIE DE AUG. MIE, RUE JOQUELET, N. 0.

PLACE DE LA BOURSE.

1833.

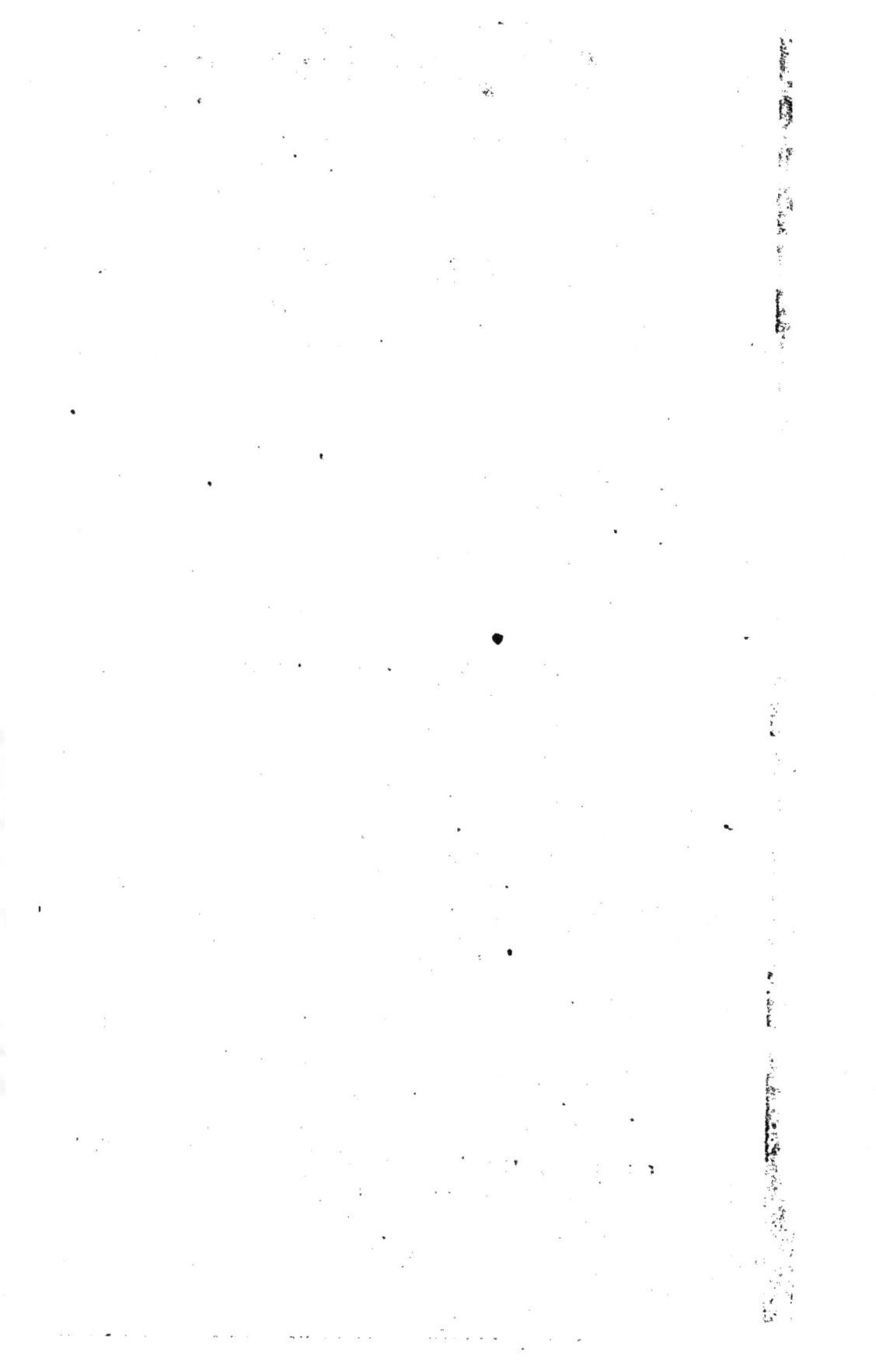

DISCOURS

DU CITOYEN G. DESJARDINS

SUR

L'ASSOCIATION RÉPUBLICAINE.

On se rappelle combien de fois déjà la société des *Amis du peuple* a paru devant la justice : traduite devant le jury, elle a reçu un acquittement complet et solennel, et le chef du jury, interprète de ses collègues, a déclaré qu'il considérait l'art. 291 comme abrogé, et que le droit d'association appartenait désormais au pays.

Appelé à rendre ensuite compte des doctrines des amis du peuple, M. Desjardins a été encore une fois acquitté.

Cependant le ministère public n'a pas considéré cette grave question comme résolue, et la cour d'assises en était saisie aujourd'hui dans l'affaire des amis du peuple et des saint-simoniens.

Un grand nombre de spectateurs se presse de bonne heure dans l'audience. On remarque surtout des saint-simoniens en costume, auquel ils ont joint depuis quelque temps une chaine symbolique, avec des anneaux de toute espèce, polis et bruts, destinés à figurer la plupart des notabilités saint-simoniennes ; le père Enfantin est figuré par une demi-sphère, dont la face plate porte ces mots, gravés en relief : *A la mère*. Des petits anneaux de cuivre, attachés à un parallélogramme d'acier, rappellent le souvenir de Bazar et des autres dissidens. Quelques-uns portent leurs noms brodés en laine rouge sur le gilet symbolique qui se boutonne par derrière.

La cour entre en séance à dix heures et demie. Elle est composée de MM. Grandet, président ; Philipon et de Charnacé, conseillers ; M. Bayeux siége au fauteuil du ministère public ; MM. Desjardins et Doneaud sont assis au barreau, à côté de M⁰ Boussi, leur avocat.

M. Desjardins figure comme chef ou directeur d'une association de plus de vingt personnes ; M. Donnaud est seulement prévenu d'avoir loué une maison rue Saint-André-des-Arts, qu'il a consacrée aux réunions des *Amis du peuple*, sans avoir obtenu la permission de l'autorité municipale. M. Doneaud est décoré de juillet.

Les prévenus répondent d'abord aux questions d'usage qui leur sont adressées par M. le président. Le greffier lit ensuite l'arrêt de renvoi et l'acte d'accusation.

On entend comme témoins le propriétaire et le concierge de la maison sise rue Saint-André-des-Arts, qui viennent déclarer qu'en effet, le local a été consacré aux réunions des *Amis du peuple* ; ce fait n'est d'ailleurs contesté par personne.

M. Bayeux, avocat-général, en commençant son réquisitoire, rappelle le verdict du jury qui a déjà acquitté les Amis du peuple ; même, dans cette circonstance, le chef du jury crut devoir déclarer que l'art. 291 était abrogé, déclaration illégale, inutile, déplacée, suivant M. l'avocat-général, et qui dépassait toutes les limites du droit accordé par la loi au jury.

Après une critique de cette première déclaration rendue par le jury dans une précédente affaire absolument semblable, M. l'avocat-général soutient la prévention dans toutes ses parties.

M. Desjardins se lève. Messieurs, pour répondre à quelques insinuations peu bienveillantes, j'ai besoin d'assurer la cour de tout mon respect pour la justice et ses organes. La république peut demain faire son avènement ; je suis républicain, sans avoir aucunement le désir de le cacher, le devoir de tous les hommes de bien est de respecter la justice. (Approbation générale.)

PREMIÈRE PARTIE.

Messieurs, il est donné à ces bancs, revêtus de deuil, mais aussi d'indépendance et de dignité, d'agiter des questions vitales, dont le poids semble accabler la faiblesse de la représentation nationale. Lamennais, Cavaignac, Prospert, s'y sont fait entendre tour à tour. Et la France nouvelle a plus appris dans l'éducation de la cour d'assises qu'on lui fait, que de ce langage parlementaire qui n'est à l'usage d'aucun de nos besoins.

Il n'y a que peu de jours, la France s'attendait encore à entendre éclater sur ces mêmes bancs une voix éloquente, personnification vivante des doctrines du *droit divin*.

Si elle eût fourni, messieurs, aux jurés, vos devanciers, l'occasion de prononcer si les doctrines de la *légitimité* étaient de notre époque, je me serais autorisé de la lutte avec le génie du grand écrivain, de l'apparition sur ces bancs de cette tête, grosse de ce qui n'est plus, pour parler d'avenir dans une langue qu'il aurait pu comprendre.

Après avoir démontré dans ma défense de l'association, en décembre dernier, que les principes de la *souveraineté du peuple* correspondent seuls aux besoins du temps; après avoir démontré qu'une grande collision, en Europe, est inévitable entre deux principes politiques irréconciliables, j'aurais pu aujourd'hui, une baguette d'or à la main, et le bras étendu sur une carte d'Europe, assigner leurs routes aux *plaies* qui assailleront le *royaume des esclaves*, dont les armes sont pendantes sur nous à la frontière.

Homme de prévision, nourri des vieilles écritures et saturé d'antiquité, j'aurais pu marquer aussi au grand poète les endroits où les flots d'une mer de peuples homogènes, courbés de respect au passage de l'homme libre, retomberont de tout leur poids d'engloutissement sur les caissons, les fourgons, les équipages de pont, les gens de cheval et de pied, et toute la confusion des destinées des Pharaons de l'Europe, auxiliaires du droit divin et de la légitimité détrônée en France.

Placé sur les hauteurs de l'*unité politique de l'homme*, de la souveraineté du peuple, et me figurant un moment revêtu du sacerdoce des institutions républicaines, j'aurais essayé, devant lui, de parler à la France, à l'Angleterre, à l'Espagne, à la famille italienne, à la famille allemande, scandinave, polonaise, la langue de leurs intérêts, la langue de l'association, langue d'autant plus praticable aujourd'hui que la civilisation est presque uniforme en Europe.

Et peut-être le rayon de feu aurait-il jailli de ma tête exaltée par le pittoresque du spectacle et l'étendue de la pensée; car moi aussi je suis peintre, et prophète à l'occasion.

Mais le grand écrivain, vaincu par le siècle et les événemens que le temps renferme dans son sein, a gardé le silence, et mis un sceau éternel sur la fidélité de son cœur. L'Apocalypse du droit divin est un livre désormais fermé pour la France. Et, d'ailleurs, ce n'est point un livre que je viens vous faire entendre, messieurs, ce n'est point le lieu, et je n'en ai ni le loisir ni la volonté; et au temps des actions, (et chaque tour de soleil en France, Dieu merci, n'en est point avare), j'estime les livres à peu près sans valeur.

Ce sont des aperçus dans l'intérêt de notre cause que je veux donner. C'est le point d'optique d'où l'association moderne veut être considérée, que j'ai dessein d'établir ici. Ce sont, pour m'exprimer de la sorte, les fibres du cerveau européen, que je vais essayer de rassembler sous ma main, et de toucher et faire résonner, afin que la vaste tête convaincue, par ce simple prélude, des grandes harmonies qu'elle renferme peut-être à son insu, achève elle-même notre défense, s'il est au-dessus de mes forces de la compléter, et nous fasse entendre un jour le thème sublime d'une association libre, compacte et républicaine; car il ne faut pas moins peut-être que le concours de toutes les intelligences, et l'action de tous les peuples, pour établir et dégager la pensée qui travaille l'Europe et doit diriger le monde..... qui attend cette pensée !

Avant et par-dessus tout, je tiens à ce que le pays dise de nous : Ils ont raison.

§ 2. CARACTÈRE DU JURY.

Messieurs les jurés, je l'ai déjà exprimé devant les jurés qui ont jugé une première fois l'association des *Amis du peuple* :

« L'institution du jury n'est pas faite seulement pour absoudre ou pour condamner, car le jury, dans ce cas, devrait interpréter la loi, et, vous le savez, il n'interprète que les actions.

« Le jury, ou jugement par jurés, est la partie laissée mobile dans l'immobile loi.

« Le jury est institué pour contribuer, par ses avertissemens, au perfectionnement des lois , à leur harmonie avec les temps et les pactes fondamentaux.

« Le jury est une sorte de compas dans les mains de la justice, et qui suit, pour les marquer, tous les déplacemens de la société, de ce corps vivant, qui se meut sous un réseau de lettres mortes qui doivent accompagner ce même déplacement, si l'on veut qu'elles expriment quelque chose de réel, d'harmonieux, de palpitant.

« Le jugement par jurés, c'est la voix de chaque jour qui, sans savoir interpréter la loi, nous le répétons, mais en interprétant les actes de la vie, prononce sur la loi même cette formule sacramentelle : *Ceci est bon* ou *ceci est sujet à révision ;* la voix qui, en définitive, décide le *législateur* et même le *corps constituant* lui-même à changer ses axiomes et ses règles de conduite.

« Il ne suffit pas, en effet, au jury comme à la loi de savoir seulement si une chose a été ou n'a pas été faite ; le jury s'informe et se scrute encore au dedans de lui-même, pour savoir si cette chose est bonne ou mauvaise, par rapport au temps où elle a été faite ; en un mot, le jury a une conscience où la loi n'a qu'un sanctuaire. Voilà pourquoi l'un avance et l'autre reste immobile ; voilà pourquoi nos actions, quand elles sont bonnes, trouvent un refuge assuré, alors même que la loi, fausse ou vieillie, les condamne. »

Je l'exprimais ainsi, je l'exprime encore devant vous ; afin que vous et moi, messieurs, sentions bien ce que nous sommes l'un à l'autre, et surtout ce qu'est le fait à juger qui nous domine tous par son caractère et sa grandeur.

Messieurs, le pays vaut bien la peine qu'on établisse la question et les motifs aussi louables qu'impérieux de l'association, non à la manière dont l'entend le réquisitoire de M. l'avocat-général , mais comme l'entend le pays, et comme ils ont été nettement posés et définis par *l'Européen*, plein de profond savoir et de hautes vues.

§ 2. BUT DE LA SOCIÉTÉ ACTUELLE ET MOT DE L'AVENIR.

Oui, messieurs, la première loi pour des hommes qui sont appelés à donner leur avis dans une crise sociale telle que la nôtre, loi qu'ils ne peuvent négliger sans crime, c'est de se demander s'il y a encore un but commun d'activité, et de proclamer ce but.

« Or, aujourd'hui tout le monde a dit que l'ancienne unité des Français était morte. Mais personne n'a encore indiqué un nouveau but social à notre dévouement, personne n'a formulé le nouvel intérêt national. Bien plus, chacun semble l'ignorer.

« Écoutez en effet les hommes du pouvoir : ils vous diront et ils ont maintes fois répété à la tribune qu'il est impossible de gouverner. C'est comme s'ils avouaient qu'ils ne voient, au lieu de société, qu'une agglomération d'intérêts et de buts divers, qui chacun ont leur route particulière, leurs volontés, leurs impatiences.

« Écoutez encore : ils vous demandent de la force ; ainsi, ils avouent qu'ils ne connaissent point de mot, point de pensée propre à mouvoir les 32 millions de bras qui sont à leur disposition.

« En effet, il suffit de définir les mots pour apercevoir la faute. Qu'est-ce que l'acte de *gouverner ?* C'est diriger vers un but. — Qu'est-ce qu'un but ? — C'est quelque chose à venir. — On ne peut donc gouverner qu'à condition de connaître l'avenir vers lequel une société d'hommes a besoin d'être conduite. Or, ils ne voient que le présent, et ne semblent pas même croire qu'il doit être suivi de quelque chose.

« Définissez de la même manière le mot *pouvoir*, et vous trouverez pourquoi, dans certaines mains, ce n'est qu'un titre sans force. — Pouvoir, messieurs, c'est savoir, et savoir c'est prévoir. Ainsi, toujours un avenir à connaître, et pour lequel seul la société a des volontés et du dévouement à la disposition des gouvernans.

« La position misérable des classes ouvrières, qui forment la majorité de la population de nos villes (pour ne parler en ce moment que de celles-là), est un objet de pitié ou d'effroi pour tous les hommes qui ont quelque sentiment d'humanité dans le cœur, ou quelque pensée de prévoyance dans l'esprit. En effet, les causes de cet état sont connues, et elles sont telles, qu'abandonnées à elles seules, si la prévision sociale n'intervient, cette misère ira croissant jusqu'à être une faim qui n'aura plus d'oreilles. Ainsi la lutte entre les marchands des diverses contrées, l'incertitude où ils sont que leurs productions soient en rapport avec les consommations, etc., force les chefs d'industries à réduire continuellement de plus en plus le prix des produits qu'ils mettent en vente, car c'est le seul moyen pour eux de faire tourner les chances de la concurrence et du *laissez faire* en leur faveur. Ils ne peuvent parvenir à ce résultat que par deux voies : l'une est la baisse des salaires, l'autre est l'emploi des machines. Cette dernière a pour conséquence de déclasser chaque jour un certain nombre d'ouvriers, dont les bras sont rendus inutiles, par suite de l'introduction de l'invention nouvelle. Ces ouvriers cherchent, pour vivre, du travail à tout prix, de telle sorte que les chefs d'industrie y trouvent l'occasion de baisser les salaires, en mettant à la place de ceux de leurs subordonnés qui ne veulent pas accepter un rétribution amoindrie, les salariés qui par faim consentent à tout.

« En suivant le mouvement de cette double tendance, l'une, des chefs d'industries à baisser les salaires, l'autre, des salariés à offrir leurs bras à meilleur marché, presque d'année en année on trouve pour résultat que, sans aucun profit pour personne, il arrivera un jour où l'ouvrier ne pourra, avec le travail le plus assidu, atteindre aux premières satisfactions de la vie.

« Or, ce serait un crime que de laisser arriver une pareille crise sociale, quand on en connaît si bien les causes; et ce serait une ineptie de léguer ce terrible avenir à nos enfans; un crime ! car la misère croissante, dont il est le dernier terme, engendre et multiplie en route la mort, la prostitution, le vol, les immoralités de toute espèce ; une ineptie ! car le mal sera pour tous, le profit ne sera pour personne, et la punition sera pour ceux qui auront voulu se tromper et ne pas voir.

« En définitive aujourd'hui et depuis dix-huit ans, la question la plus pressée comme la plus grave en politique, est celle du but commun d'activité sociale; c'est la question vitale pour la nation aussi bien que pour le pouvoir.

« Mais, nous dira-t-on, est-il possible de trouver dans le cœur et l'esprit des Français une place prête à recevoir une pensée d'avenir? — Quoi! en peut-on douter? Est-ce à dire que parce que vous ne trouvez pas la nation, qu'elle soit morte? parce que vous ne voyez pas le point où tendent ses misères, que ce point n'existe pas? Pilotes aveugles, gouvernans incapables ! »

Prêtez-moi quelque attention, messieurs, je vais, du sein de vérités et de chiffres irréfragables, le faire jaillir pour vous ce *mot d'avenir* de la société française, et de toute association politique désormais possible et durable.

La population de France, d'après le recensement fait en 1832, est de 32,560,000. Elle se compose, savoir :

— Population agricole. Laboureurs, vignerons, fermiers et leurs salariés; journaliers, bergers, terrass'ers, bourreliers et charrons des campagnes, etc. 22,510,000

— Artisans et ouvriers des bourgs et des villes. . 5,148,000

—Marchands et fabricans, fonctionnaires publics, employés de toutes les administrations, rentiers et propriétaires des villes, artistes, médecins, avocats et autres professions. 4,100,000

—Armées de terre et de mer en activité, gendarmerie, invalides et vétérans 441,000

—Prêtres, religieux et élèves des grands et petits séminaires. 102,000

—Population des maisons de détention, bagnes, hospices, dépôts de mendicité, etc. 259,000

Total général. . . 52,560,000

D'un autre côté, la classification de la propriété a lieu dans les proportions suivantes :

—Propriétaires payant de 300 à 500 fr. de contributions directes. 50,125

—Propriétaires payant de 500 à 1,000 fr. 23,710

—Propriétaires payant 1,000 fr. et au-dessus . . . 10,682

Les sept huitièmes et plus des habitans des campagnes paient au-dessous de 20 fr.

Maintenant, voyons les produits et la distribution de ces mêmes produits.

La somme totale des revenus, en produits agricoles et industriels de la France, est d'environ 8,546,000,000 de francs (ce qui fait un peu plus de 262 fr. par tête à partager).

—Chaque cultivateur produit, terme moyen, 241 fr. par année.

—Chaque individu consomme pour environ 190 fr. des produits agricoles et industriels par an. (On ne fait pas compte ici des produits exportés, parce qu'ils sont compensés, ou à peu près, par les importations.)

Il y a en France environ 7,900,000 hommes en état de travailler, et près de 9,100,000 femmes.

Le revenu par tête étant de 262 fr. et la dépense de 190 fr., il resterait 72 fr. par tête à appliquer aux dépenses publiques ou à capitaliser, ce qui ferait par an 2,344,000,000

Mais il n'en va pas ainsi. D'abord sur le revenu total de. 8,546,000,000

les charges pour les curés, les impôts directs et indirects, les octrois et péages, les domaines de l'état et des établissemens, prélèvent une somme d'environ 2,306,000,000

Et il ne reste à payer pour les citoyens que. . 6,240,000,000

(On sent que les 2,300,000,000 fr. ci-dessus représentent le salaire de tous les fonctionnaires, employés, prêtres, militaires, la liste
civile et les autres dépenses faites au profit d'hommes improductifs,
et que ce serait faire double emploi que de refaire compte de ce
que ces hommes reçoivent. Il faut même observer que dans le produit des impôts, environ 300 millions sont employés à servir les intérêts de la dette publique et des cautionnemens, et qu'ils rentrent
dans la masse de distribution. On peut donc évaluer, en ajoutant
cette somme de 300 millions aux revenus des citoyens, le revenu
total à la somme de 6,540,000,000.)

Il a été calculé que les bénéfices des négocians, manufacturiers et
monopoleurs (l'intérêt de leurs capitaux ajouté aux profits bruts de
leur industrie), se montaient, déduction faite de leurs impôts directs, à la somme d'environ. .   855,000,000

Le travail le plus exact qu'il
soit possible de faire sur la somme des fermages, coupes et
loyers perçus par les propriétaires, la présente approxima-
tivement, y compris les étangs,
cours d'eau, ponts et canaux,
à.   4,110,000,000

A prélever : 5,065,000,000

1,475,000,000

De sorte qu'il reste à partager entre vingt-cinq millions d'individus, y compris les rentiers de l'état et propriétaires de cautionnemens, n'ayant aucune *propriété productive*, 1,475,000,000 fr., ce
qui fait un peu plus de 56 fr. par tête.

§ 3. PROLÉTORIAT DES INTÉRÊTS.

Il est donc vrai, et il est pénible de le dire, mais il faut le dire
avec *l'Européen*, et vous le voyez clairement, messieurs, qu'il y a
chez nous deux peuples : l'un c'est celui qui est apparent, qui
brille, parle, tourbillonne à la surface; il est peu nombreux, mais
criard et placé sur les tréteaux. Il n'est composé que d'intérêts et
de pensées contradictoires ; la concurrence est sa loi, l'antagonisme
sa faiblesse; il est un autre peuple au-dessous, immensément plus
nombreux. Celui-là a un intérêt commun qu'on lui enseigne tous
les jours en le blessant, qu'on réveille à chaque instant par le mal.

Et vous demandez quel est le but, quel est le mot de l'avenir ?

« Emancipés de la tutelle catholique et sacerdotale, les trois
derniers siècles ont été employés à conquérir la liberté de
conscience, c'est-à-dire l'égalité spirituelle. Emancipée aujour-
d'hui de la tutelle féodale, la souveraineté du peuple, éta-

blie par la révolution française, n'est autre chose que la traduction légale de ce premier principe. Dès ce moment, il a été établi positivement que l'esprit de la classe la plus nombreuse, de celle qui était la plus pauvre, devait gouverner la politique.

« L'esprit des masses, messieurs, demande qu'on l'affranchisse des liens matériels qui l'attachent au salaire, comme l'inégalité féodale le fixait à la glèbe. Il demande que la liberté soit égale pour tous, et que le plus grand nombre ne soit pas enchaîné à la fatalité d'une mauvaise éducation, d'une naissance pauvre, de la faim, etc. Tout homme, en un mot, demande à être libre de ses œuvres.

« Et qui niera que cet esprit ne soit manifeste dès aujourd'hui ? Qui niera que ce ne soit là le début d'une nouvelle période politique ? *Amélioration du sort des masses, satisfaction de l'esprit d'égalité, avènement progressif du prolétariat*, sont des axiomes synonymes, également bien compris de tous, et généralement adoptés.

« La pensée sociale, aujourd'hui, ne peut donc être autre que celle-ci : *Améliorer le sort de ceux qui souffrent.* C'est l'explication des mots *liberté, égalité.*

« *Liberté*, c'est-à-dire affranchissement des classes pauvres, et par-là admission à l'exercice de leur libre arbitre.

Egalité, c'est-à-dire droits et protection donnés également à tous, pour que tous puissent faire valoir leurs aptitudes et manifester leurs besoins.

« La connaissance la plus nécessaire à introduire aujourd'hui dans la société, est celle des intérêts du peuple ou des classes les plus nombreuses et les plus pauvres : celle de l'appétence à l'égalité. Ce sentiment d'égalité chrétienne qui a été prêché pendant 1500 ans, a amené l'émancipation successive du peuple. Il a été la base de tous les dévouemens des hommes supérieurs qui ont eu influence sur les destinées de la société. Aujourd'hui ce sentiment n'a plus besoin de temple, il est passé dans tous les esprits, et il a un temple dans tous les cœurs d'hommes qui n'ont pas fait un dieu de leur individualité.

« Les dernières révolutions ont remplacé l'inégalité par l'égalité devant la loi; mais elles n'ont pas triomphé de celle qui résulte de la misère.

« La représentation n'est autre chose que le langage des intérêts populaires; le pouvoir, l'intelligence organisée pour y donner satisfaction. Et par conséquent ces mots : gouvernement représentatif, veulent dire, mécanisme gouvernemental à l'aide duquel les intérêts du peuple obtiennent satisfaction.

« Le gouvernement, qui n'est autre chose que la pensée sociale représentée par des hommes, doit donc être institué dans l'intérêt de ceux qui manquent le plus de liberté, et qui souffrent le plus de l'inégalité ; dans l'intérêt de ceux dont les douleurs sont les plus vives et les plus nombreuses.

« Ce qui constitue le pouvoir, c'est l'intelligence des besoins sociaux. Appelé à les satisfaire, le pouvoir doit être le produit de ces besoins.

« Le pouvoir doit être un, c'est-à-dire qu'il doit être la synthèse de tous les besoins sociaux. Son unité naît nécessairement de sa généralité.

« Le pouvoir dispose des institutions qui sont d'immenses instrumens, des *êtres moraux*, comme les appelait Puffendorf, qui centuplent la valeur des êtres physiques qui les composent.

« Si donc le pouvoir sait, il n'aura rien à craindre des institutions ; car il les dirigera et elles seront l'instrument de son action ; s'il ne sait pas, elles le dirigeront infailliblement ; car enfin il faut bien que le savoir se trouve quelque part dans une société qui vit d'intelligence comme de satisfaction physique.

« Le sentiment du dévouement aux intérêts du peuple est naturel chez certains hommes qui s'y consacrent; mais ce n'est pas assez : le gouvernement doit être un fait général, et ne peut se réduire ainsi au hasard de quelques individualités. Il faut que le dévouement préside à son action, et que cette action soit progressive dans le sens de la satisfaction des intérêts du peuple. »

Pour que le peuple arrive à être heureux, il faut, en un mot, que le dévouement au peuple soit organisé, et il ne peut l'être que dans l'action du gouvernement qui embrasse tout.

§ 4. PROLÉTARIAT DES CAPACITÉS.

Je n'ai parlé encore que du *prolétariat des intérêts* ; que serait-ce donc si je me livrais en détail à la démonstration de cet autre énorme contre-sens social, le *prolétariat des capacités?* En France après la secousse de 92 et de 1830, le prolétariat des capacités! Dans un pays de raison et d'intelligence comme le nôtre, où il ne devrait exister que la *souveraineté des intérêts et des capacités* si l'on voulait être conséquent avec l'élément national qu'on a dans les mains!

Messieurs, la population de France est, comme nous l'avons déjà dit, d'après le recensement fait en 1832, de 32,560,000 individus. La proportion des mâles aux femelles est comme 16 est à 15; c'est-à-dire qu'il y a environ 16 hommes pour 15 femmes. La population mâle est donc de. . . . . . 16,805,000 âmes.

Les hommes de 21 ans et au dessus sont au nombre de. 9,480,000

Ceux de 25 ans et au-dessus sont au nombre de. . . . . . . , . . . 6,974,000

Il faut diminuer de ce nombre les idiots, interdits, aliénés, mendians, paralytiques, condamnés; les militaires en activité de service et matelots embarqués, qui ne peuvent exercer les droits politiques, les droits de cité; les prêtres, qui ne doivent pas en exercer, etc. Le total approximatif est, en y comprenant la population habituelle des hospices, et celle mouvante des bagnes, prisons etc., de. 1,898,000

Ainsi le nombre total des citoyens qui pourraient devenir actifs est de 5,076,000, si l'on exige l'âge de 25 ans. S'il ne s'agit que de la simple majorité civile, au lieu de 5,076,000, on aurait près de 7,196,000 citoyens actifs.

(Si l'on calcule d'après le nombre de citoyens actifs, qui auraient exercé des droits politiques en 1793, et en tenant compte, soit de l'accroissement de la population, soit des différences dans les déductions à faire, on aura 3,380,000 citoyens. On sait que, sous la république, il fallait être âgé de 25 ans révolus. Dans tous ces calculs, il n'est tenu aucun compte de l'élément de la propriété, des contributions directes; car une énorme partie des quantités exprimées ici ne paie pas de contributions directes.)

Voilà le gros de la chose. Je vous demande si, dans ce chiffre de 7 millions; on ne trouverait pas, pour la composition de la Cité, des *intéressés* et des *capables*; et si le chiffre des électeurs actuels correspond aux besoins de la population?

On demandera peut-être avec dédain quels sont ces hommes, après tout, pour lesquels nous réclamons l'association et un intérêt dans la Cité, et s'il n'y aurait pas danger à les délier de leur condition ?

Ce sont ces hommes, dirons-nous, avec un éloquent défenseur de la cause des prolétaires (1).

« Ce sont ces hommes qui, ne devant rien qu'à eux-mêmes, disgraciés par le hasard de la naissance ou par les caprices de la fortune, souffrent, s'agitent, se plaignent toujours avec amertume et souvent avec tumulte, parce qu'ils n'ont pas dans l'état la position que leur attribue leur valeur personnelle; ce sont les classes laborieuses qui nourrissent la société; les classes intelligentes qui l'instruisent et l'éclairent, les classes généreuses qui cultivent, conservent, perpétuent dans son sein les sentimens de liberté, de patriotisme et d'humanité; c'est le jeune homme, dont l'exaltation civique cause de si vives alarmes, et qui puise à l'Ecole polytechnique les trésors scientifiques dont il doit un jour enrichir son pays; c'est le poète, qui se glorifie d'être né pauvre comme Béranger, et qui craint de

_____

(1) *Revue encyclopédique,* mois de décembre.

mourir de désespoir et de misère comme Gilbert et Chatterton ; c'est l'artiste dont le sommeil est troublé par les succès de Gros ou de Gérard, de David ou de Bra, de Rossini ou de Boïeldieu ; c'est l'avocat qui brûle de consacrer à la défense des intérêts privés ou à la discussion des affaires publiques tout ce qu'il a reçu de la nature, ou acquis, par ses veilles, de talent et de science ; c'est le légiste que sa probité et ses lumières ont fait juger digne de donner un caractère authentique à la foi privée ; c'est l'homme qui défend incessamment l'humanité contre la douleur et la mort, c'est l'élève de Dupuytren ou le disciple de Broussais ; c'est l'instituteur de l'enfance, le précepteur de la jeunesse, le nourricier de la société tout entière, l'agriculteur et l'industriel, l'ouvrier des villes et des champs, tout ce qui vit et fait vivre les autres de son intelligence et de son travail ; c'est, en un mot, le PROLÉTAIRE.

« Oui, le PROLÉTAIRE qui, tout couvert de la gloire d'Austerlitz et de Wagram, du Louvre et des Tuileries, n'obtient pour prix de son courage et de son dévouement que l'indifférence, le mépris, la misère, la prison ou la mort ; le *prolétaire*, à qui la société réserve les rigueurs du bivouac et les aspérités de la chaumière, les périls du soldat et les fatigues du laboureur ; le *prolétaire*, qui retrace sur la toile ou sur le marbre, qui rappelle, par des accords ou des chants sublimes, les merveilles de sa bravoure et de son industrie ; le *prolétaire*, qui n'est qu'un *barbare*, pour la plupart de ceux dont l'existence molle et somptueuse est pourtant son ouvrage. Terreur insultante et ridicule, que rien ne justifie et que tout s'accorde à démentir ! Non, le prolétaire n'est pas avide de meurtre et de pillage : Paris et Lyon peuvent l'attester. Qu'on se souvienne qu'il régna trois jours sans partage sur la capitale de l'univers civilisé, et que sa dictature demeura vierge de tout attentat contre les personnes et les propriétés. Calomnie ! que de croire autre chose de lui !

« Je ne sais si les gens de cour ont perdu, dans l'ivresse du pouvoir ou au milieu des fêtes, les souvenirs de ces sentinelles déguenillées qui gardaient avec tant de zèle et de scrupule les palais et les comptoirs, et qui veillaient si soigneusement sur l'or de leurs maîtres sans songer à leur propre lendemain ; mais ce spectacle inouï de la misère souveraine et pleine de sollicitude, dans son triomphe, pour la sécurité de la richesse et pour le salut de l'opulence, ce spectacle ne s'effacera jamais de notre mémoire.

« Cette terre, que l'on craint que le prolétaire ne ravage et ne souille, n'est-ce pas sa patrie ?

« Ces sentimens nobles et généreux que l'on dit menacés d'une altération profonde par son avènement, ne sont-ce pas ses propres sentimens, ses habitudes et ses mœurs ?

« Calomnie ! vous dis-je. Ces moissons, ces manufactures, ces temples, ces palais, ces comptoirs, ces bibliothèques, ces musées, pour lesquels on affecte de trembler avec tant d'éclat à la simple annonce de la prochaine élévation du prolétaire, ne sont-ce pas les produits de ses veilles, les œuvres de ses mains, les créations de son intelligence? »

Calomnie! calomnie! ou ignorance de ce qu'est le peuple!

Prolétaires de la science, de la politique et des arts, que l'on dit dévorés du besoin de désobstruer la voie publique de ces *grands et insignifians amas de pierre*, comme parlent à la chambre même quelques-uns des prosaïques mandataires dévoués du peuple, pour leur substituer quoi? une idée née dans la poudre du greffe : deux feuilles immortelles de papier (*ludibria ventis*) où ces messieurs se chargent de *grossoyer* vos noms de juillet; dites, prolétaires, est-il un seul d'entre vous qui démentirait mon enthousiasme de conservation, placé comme je le suis en pensée, placé comme vous pouvez l'être à mes côtés sur le chapiteau de cette colonne triomphale de la place Vendôme, et un de vos plus imposans chefs-d'œuvre?

Voilà le temple de la Gloire à ma droite, avec ses longues colonnades; plus loin l'arc de triomphe de l'Étoile avec son cintre gigantesque; voilà sous nos pieds le dôme bruni de l'église de la Madeleine; devant nous la coupole dorée des Invalides, et les vastes palais du Louvre et des Tuileries; plus loin la flèche de l'abbaye Saint-Germain-des-Prés, et l'énorme vaisseau de Saint-Sulpice et ses deux tours arrondies, et le dôme du Val-de-Grâce; plus à gauche, voilà les tours quadrangulaires de Notre-Dame-de-Paris, avec les mugissemens harmonieux de leur bourdon; voilà l'immense Panthéon avec sa colonade circulaire, se dessinant sous les rayons du soleil et au-dessus de Paris, comme une harpe éolienne offerte aux touches de la lumière et aux harmonies des vents; dites, les démoliriez-vous?

Quand les soi-disant représentans de nos idées poseraient l'une à côté de l'autre, trente mille petites fabriques, bien compassées, bien alignées, bien nivelées, comme les épis de nos champs, comme les pensées de leur uniforme et étroit cerveau, obtiendraient-ils jamais les grands effets que nous admirons ici?

Enlevez de l'horizon de Paris les monumens trop rares que l'œil y compte avec enthousiasme, et ces larges espaces consacrés à leur perspective, car c'est aussi de la grandeur, et admirez, si vous pouvez, ce qui resterait de la grande cité.

La grandeur des peuples, la constance de leur volonté, la perpétuité du souvenir de leurs institutions et de leur existence, demandent à être placées quelque part : où peuvent-elles l'être mieux que dans l'érection de ces masses indestructibles?

Dans ces monumens érigés comme dans ceux à naître, ce n'est plus l'homme qui pense et qui agit en conséquence de sa rapide et frêle existence ; c'est une nation grande, forte, impérissable, qui a ses pensées, ses veilles, ses œuvres en commun.

Et qu'importe (si c'est l'architecte qui vous gêne et que vous ayez en haine) que ç'ait été un prince, un prêtre, un conquérant, un sans-culotte, qui ait été chargé en son temps de l'expression de cette pensée, de l'exécution de cette œuvre ? c'est toujours la même majesté sous des formes et des noms différens, la majesté du peuple, la majesté de l'histoire !

Et pourquoi pas un colosse de pierre ou de bronze, comme un colosse de vertu, d'héroïsme ou de génie ?

Pourquoi n'essaierait-on pas d'inspirer un jour à une postérité déchue, l'effroi comme l'impuissance de l'imitation ? Pourquoi n'essaierait-on pas de faire sentir à l'œil rapetissé de l'homme dégénéré, comme aujourd'hui, cette antique et docte Egypte, l'embarras de s'élargir assez pour embrasser un jour notre ensemble, et estimer nos proportions politiques et nationales ?

J'insiste sur ces choses, parce que c'est un foyer où l'on puise à la fois des calomnies et de fausses idées. Et que des plumes froidement logiques ont été vues, qui, pour rendre dix arpens à la culture, abattraient la maçonnerie de dix siècles d'histoire et d'admiration nationales ?

Oui : sourds à la fois de l'oreille, de l'œil et de l'âme, l'immense Cité et ses édifices publics ne vous disent-ils rien ? N'avez-vous rien retenu de ces bruits, de ces grandes voix; rien de ces calmes, rien de ce langage muet et profond, ce langage de pensée à pensée, de masse à masse, de vaisseau à vaisseau, qui se parle dans la hauteur des cieux, où règnent nos colossals monumens ? N'entendez-vous pas l'arc de triomphe demander à la tour gothique et au balancement de ses airains, les mystères du *divin*, du *futur*, de l'*éternel* ? Le dôme religieux interroger la colonne de bronze sur les secrets du génie militaire, l'*opiniâtre*, l'*inflexible*, le *terrible* ? demander à la coupole dorée, et aux détonations des foudres guerrières du vétéran français, quel cri profond jettent les armées, quand elles s'enfoncent sous les abîmes de la glace, comme à Austerlitz, ou disparaissent dans les gouffres éternels de la mer, comme à Aboukir ?

Tout cela entre pourtant dans l'éducation d'un peuple. Ce sont autant de moniteurs dignes de lui parler, et dont il comprend les leçons.

Ces grandes pyramides, ces chéops de Paris sont pour vous une ambition démesurée ? Ces tours colossales une idée folle ? Vous ne sauriez souffrir que l'homme lutte de profondeur avec l'abîme du tombeau, d'énigme et d'obscurité avec le grand mystère de la nature ? Que la basilique de Notre-Dame de Paris tâche, à force de grandeur, de contenir le *Dieu très* anthéon de recéler toutes les flammes de l'esprit huma va u des Invalides,